Je fais du SKI avec Alexis Pinturault

Textes de Myriam Alizon
et Alexis Pinturault

Illustrations d'Anton Hallmann

milan

Sommaire

LA TECHNIQUE 46

LA COMPÉTITION 58

Red Bull
COLMAR
LEKI
reusch
FRANCE

“ Enfant, je me voyais déjà dans le sport. J'ai toujours voulu en faire ma vie, même si je ne le disais pas trop. Je viens d'une famille sportive, mais l'école passait avant. J'ai pratiqué plein de sports, mais je n'ai jamais arrêté de skier. »

LE SKI

Le ski alpin

Tu aimes la neige, la sensation de glisse, la vitesse ? As-tu déjà chaussé des skis et descendu une piste ?

Le ski alpin consiste à descendre les pistes tracées sur les pentes enneigées des montagnes. **Sport de glisse** et de sensations fortes, le ski alpin est le sport roi de l'hiver.

Il compte environ 135 millions de pratiquants dans le monde : principalement en **Europe** et aux **États-Unis**, mais aussi au **Japon**, en **Chine**, au **Chili**, en **Argentine** ou en **Nouvelle-Zélande**.

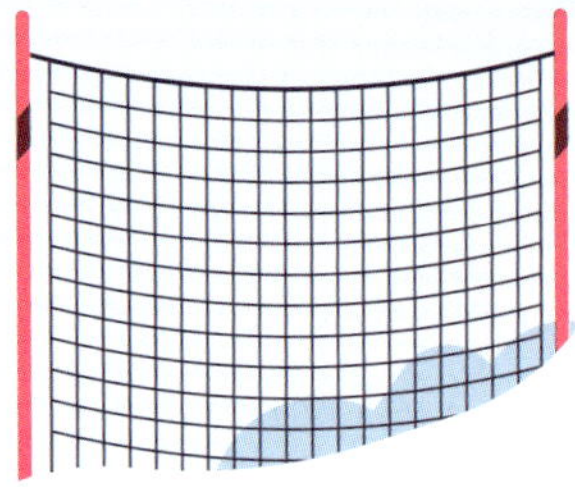

Un dessin datant de plus de 5 000 ans dans une grotte norvégienne montre un chasseur à skis. Cette gravure prouve que cette pratique existait déjà à la préhistoire. Les premiers skis étaient de simples morceaux de bois fixés aux pieds qui permettaient de se déplacer sur la neige.

Pour la majorité des adeptes, le ski alpin est un loisir pratiqué une fois par an à l'occasion des vacances d'hiver. Mais c'est aussi un sport de haut niveau, avec ses compétitions internationales et olympiques : **descente, slalom, slalom géant, super-G et combiné.**

Le ski alpin est né en Europe. Au début du XXe siècle, sir Arnold Lunn, un Anglais, l'a organisé comme un **sport de compétition**. Les premiers championnats du monde de ski alpin ont eu lieu en 1931 à Mürren, en Suisse. Le ski alpin est devenu une **discipline olympique** aux Jeux d'hiver de 1936, à Garmisch-Partenkirchen (Allemagne).

« J'ai grandi skis aux pieds. Une piste passait devant chez moi, à Courchevel. J'ai appris à skier et à marcher en même temps. Je n'avais même pas 2 ans quand j'ai fait mes premières glissades. Je ne m'en souviens pas, mais on me l'a raconté. Pour moi, skier, c'était naturel ! »

Le Norvégien Birger Ruud dans l'épreuve de descente du combiné aux JO de 1936.

Le pays du ski tourisme

En France, le développement du ski alpin a bouleversé les paysages de montagne.

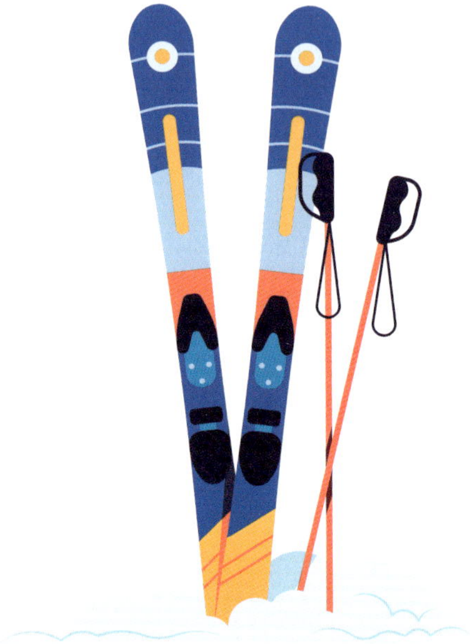

Dans les années 1930, les premiers téléphériques équipent les villages de montagne et les transforment en stations de **sports d'hiver**. En 1933, le téléphérique de Rochebrune, à Megève, est le premier de France construit principalement pour la pratique du ski alpin, discipline qui connaît une rapide expansion.

Dans les années 1960 et 1970, des stations de ski se développent dans les principaux massifs montagneux français : les Alpes, les Pyrénées, le Massif central, le Jura et les Vosges. Le **plan neige** du gouvernement favorise la création de stations en haute montagne, à plus de 1 800 mètres d'altitude, comme Tignes, Les Arcs, Isola 2000, Avoriaz…

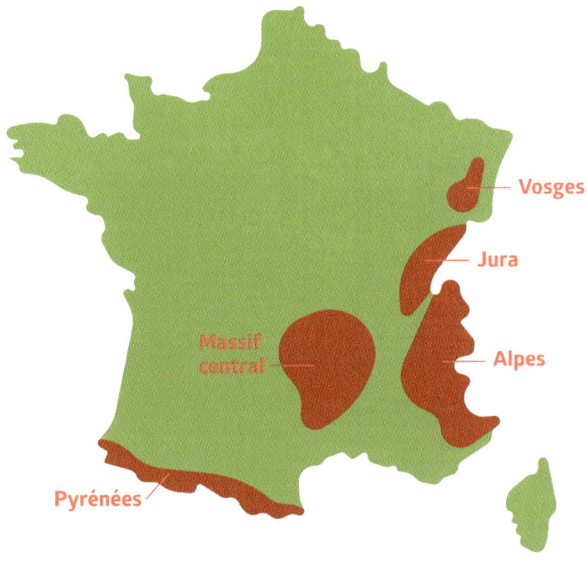

La station de Val-Thorens a été construite sur un site vierge en 1969.

La France, avec ses 325 stations de ski, devient la référence mondiale pour les amateurs de glisse. Val-Thorens, en Savoie, construite à 2 300 mètres d'altitude, est **la plus haute station d'Europe**. Les domaines des Trois Vallées (en Savoie) et des Portes du Soleil (en France et en Suisse) sont les plus vastes au monde. Ils comptent plusieurs centaines de kilomètres de pistes, répartis sur plusieurs communes.

Vue aérienne de la station-village de Courchevel 1850.

« J'ai un lien familial avec Courchevel. Mes grands-parents s'y sont installés dans les années soixante, quand il n'y avait encore rien. Ils ont construit deux hôtels, et mon père a repris l'un deux. C'est pour ça qu'on a grandi à Courchevel. Je suis né en 1991, et je vois comment la station a changé. Il y a trente ans, elle n'était pas aussi connue qu'aujourd'hui. Elle s'est beaucoup développée. »

L'avenir du ski

Le réchauffement climatique affecte directement les sports d'hiver comme le ski.

Avec le réchauffement climatique, l'hiver, les températures sont moins froides et les périodes de froid durent moins longtemps. Les **précipitations sous forme de neige** sont aussi moins importantes. Pour maintenir leur activité, les stations de ski ont de plus en plus recours à un enneigement artificiel des pistes.

Le ski se pratique l'hiver sur de la neige naturelle ou artificielle. La neige naturelle tombe du ciel. La **neige artificielle** est créée à partir d'eau réfrigérée. Elle est propulsée sur les pistes par des canons à neige. Pour que les canons fonctionnent, la température extérieure doit être inférieure à 3 degrés. Les stations utilisent de plus en plus les canons à neige en début de saison pour **assurer l'ouverture des pistes** à la date programmée.

L'utilisation de canons à neige, gourmande en eau et en énergie, n'est pas écologique.

Le glacier de la Grande Motte, à Tignes, à la fin du printemps.

« Nous, les skieurs, nous voyons qu'il fait de plus en plus chaud, même la nuit, et qu'il y a de moins en moins de précipitations. Parfois, ça peut sembler un peu abstrait, parce qu'il y a aussi des moments où il fait froid. Mais, le plus grave, c'est que nous voyons les glaciers disparaître. Quand j'avais 12 ans, il y avait encore cinq glaciers où on pouvait skier l'été. Aujourd'hui, il en reste deux : aux Deux-Alpes et à Tignes. Et encore, Tignes, c'est compliqué… Ils vont tous disparaître, ce n'est qu'une question de temps. »

Depuis le début des années 2000, les stations de basse et moyenne altitude ouvrent de moins en moins longtemps, faute de neige. Certaines ferment, ou **abandonnent le ski alpin** au profit d'activités indépendantes de l'enneigement : randonnée, cyclotourisme…

Champions et championnes

Voici quelques grands noms du ski alpin.

Jean-Claude Killy

Triple médaillé d'or aux JO de Grenoble, en 1968, il y remporte les 3 épreuves de ski alpin : descente, slalom, et slalom géant. Il est aussi **2 fois vainqueur du classement général** de la Coupe du monde, en 1967 et 1968.

Marielle Goitschel

Elle intègre l'équipe de France à 14 ans et y rejoint sa sœur Christine, d'un an son aînée. Aux Jeux olympiques de 1964, Marielle remporte le titre en géant devant sa sœur ; en slalom, c'est l'inverse. Sa carrière est marquée par **3 médailles olympiques**, dont 2 en or, en 1964 et 1968.

Le 13 février 1968, Marielle Goitschel remporte le slalom aux JO d'hiver de Grenoble.

Marcel Hirscher

On l'appelle le *Métronome*, parce qu'il skie avec précision et fait très peu de fautes. Ses spécialités sont le slalom et le géant. Entre 2012 et 2019, l'Autrichien remporte **8 gros globes de cristal** (vainqueur du classement général), 7 titres de champion du monde et 2 titres olympiques. Il arrête sa carrière en 2019, puis la reprend en 2024 avec l'équipe des Pays-Bas (pays de sa mère).

Mikaela Shiffrin

L'Américaine participe à sa première épreuve en Coupe du monde deux jours avant ses 16 ans. Depuis 2023 et sa 87e victoire en Coupe du monde, elle détient le **record absolu de succès**, hommes et femmes confondus. À l'aise dans toutes les disciplines, elle a remporté 2 titres olympiques, 7 titres mondiaux et 5 gros globes de cristal (vainqueure du classement général).

Antoine Dénériaz aux Jeux de Turin, 2006.

« Je n'avais pas vraiment d'idoles quand j'étais petit. Je passais beaucoup de temps dehors, à jouer au tennis, au football, ou à skier. Je ne regardais pas la télévision et je ne connaissais pas vraiment les grands skieurs. Mon premier souvenir, c'est la victoire d'Antoine Dénériaz en descente aux Jeux olympiques de Turin, en 2006. J'avais 15 ans. C'est le premier skieur que j'ai vraiment admiré. »

CLUB DES SPORTS
COURCHEVEL

“ Au club, on se fait des copains, on partage de belles choses. J'ai rencontré beaucoup de mes copains d'aujourd'hui au ski, au foot ou au tennis. »

BIENVENUE AU CLUB

L'inscription

À chaque type de skieur son école ! Tu peux apprendre dans une école de ski ou te perfectionner dans un ski-club.

Si tu veux apprendre à skier ou te perfectionner pendant les vacances, tu peux t'inscrire dans une école de ski. Il y en a dans chaque station. La plus connue est l'**École du ski français** (ESF). Ses moniteurs sont appelés les **Pulls rouges**, parce qu'ils portent cette couleur depuis 1958.

esf

Les cours, collectifs ou individuels, se déroulent généralement **sur une semaine**, du dimanche au vendredi, et durent deux à trois heures. Chaque année, deux millions de skieurs et skieuses, enfants et adultes, s'inscrivent pour prendre des cours.

« Je me suis inscrit au club de ski de Courchevel dès que j'ai eu l'âge : à 6 ans. Et aujourd'hui j'en suis encore adhérent, je ne l'ai jamais quitté. Petit, j'habitais à Courchevel, j'y allais le mercredi, le week-end. À 9 ans, j'ai déménagé en ville, à Annecy. Je ne m'entraînais plus que les week-ends. À l'adolescence, vers 14 ou 15 ans, j'ai recommencé à passer l'hiver entier à Courchevel et je skiais dès que j'en avais le temps. »

Filles et garçons s'entraînent et skient sur les mêmes pistes jusqu'aux portes de l'équipe de France. Les compétitions peuvent être **mixtes ou non**, en fonction du nombre de participants. En revanche, les classements ne le sont pas.

Si tu veux pratiquer ce sport à l'année, tu peux t'inscrire au ski-club de la station la plus proche. Tu paies une cotisation annuelle, et tu obtiens une **licence de la Fédération française de ski**, qui encadre la pratique sportive. Tu choisis la licence carte neige loisir, ou la licence carte neige compétiteur si tu souhaites participer à des compétitions.

La tenue

Le froid est l'ennemi du skieur. Pour te protéger, équipe-toi bien de la tête aux pieds !

Les vêtements de ski sont spécialement conçus pour être **chauds et respirants**. Ils ont une couche extérieure résistante à l'humidité. Et ils permettent d'évacuer la transpiration, pour rester au sec.

le bonnet
Quand tu ne portes pas ton casque, il maintient ta tête au chaud.

l'anorak

la combinaison
Elle est chaude et imperméable, pour que tu ne sois pas mouillé(e) si tu tombes. Elle a l'avantage d'être faite d'une seule pièce et ne laisse pas pénétrer l'air froid. Son seul défaut est qu'elle est peu pratique pour aller aux toilettes.

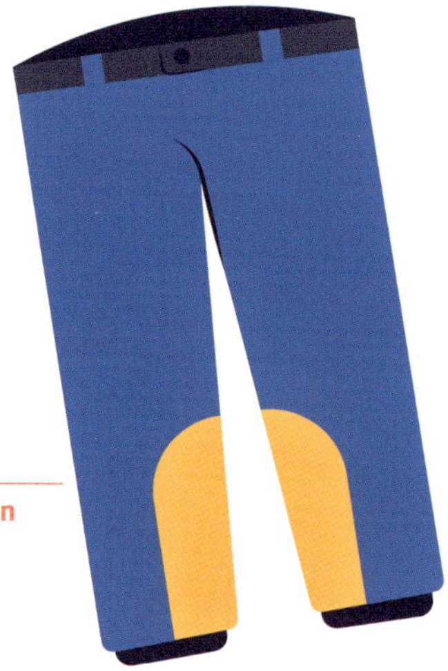

la salopette ou le pantalon

les chaussettes
Une seule paire suffit. Choisis une paire spécialement conçue pour le ski : chaude, confortable, et respirante pour éviter la transpiration.

les gants
Ils ont une double utilité. Ils te protègent du froid et des blessures.
Les bords des skis, appelés *carres*, sont coupants.

les moufles
Tu peux choisir des moufles, qui permettent de remuer les doigts, et donc de les réchauffer si tu as froid.

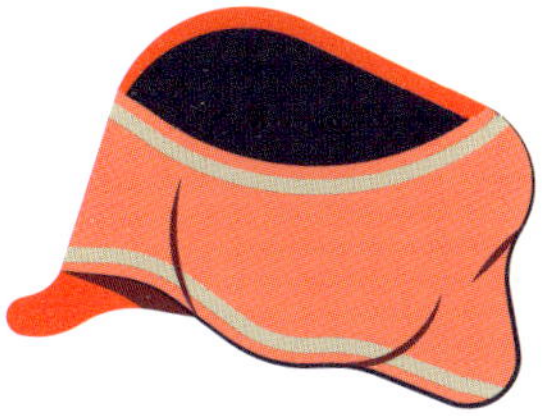

le tour de cou
Il tient chaud sans danger. Une écharpe pourrait se coincer dans une remontée mécanique.

le stick à lèvres

la crème solaire
Même si tu ne vois pas le soleil ou que tu ne le sens pas à cause du froid, ses rayons se réverbèrent sur la neige, et tu risques les brûlures. Choisis l'indice de protection le plus élevé.

les sous-vêtements
le maillot à manches longues près du corps, le legging ou le collant chaud

les après-skis
Imperméables, ils permettent de marcher dans la neige sans se mouiller les pieds.

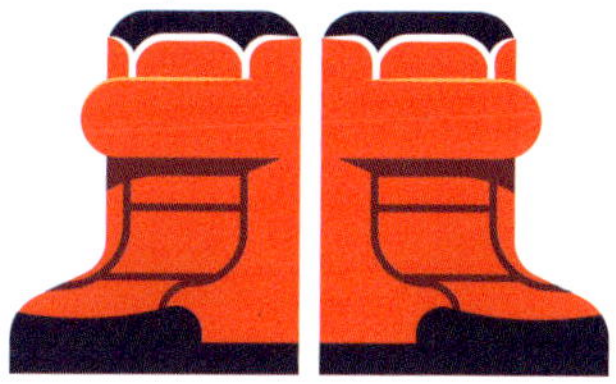

la polaire
un pull ou une veste en tissu isolant qui garde la chaleur du corps

« Le mieux, c'est d'apprendre à skier quand il fait beau, mais je sais bien que ce n'est pas toujours possible. Mon conseil, c'est de toujours faire entrer le vêtement dans celui de la couche d'en dessous. Par exemple, tu rentres ton tee-shirt dans ton collant, tu rentres ton pull dans ton pantalon. Il ne faut pas que tu aies un centimètre de peau exposé au froid. »

Le matériel

Tu peux louer ton matériel à la station de ski, ou l'acheter si tu skies régulièrement.

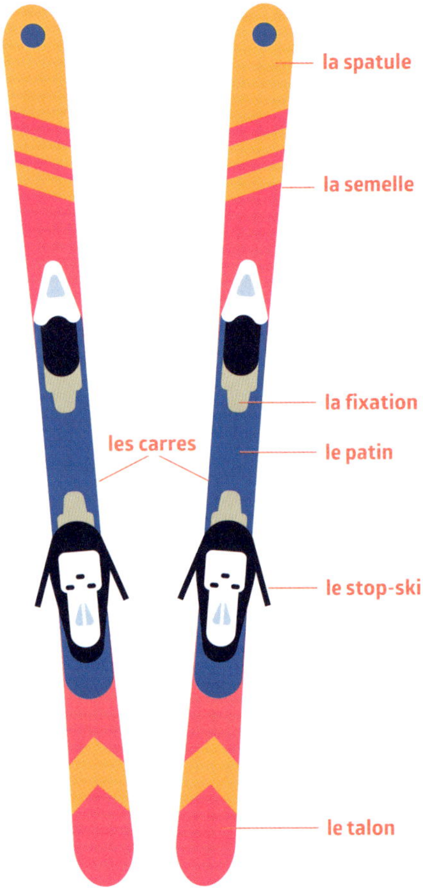

Les skis

La taille de tes skis dépend de ton niveau de pratique. Un débutant a des skis qui mesurent 15 centimètres de moins que sa taille. Plus les skis sont courts et légers, plus ils sont maniables. La **spatule**, la partie avant du ski, et le **talon**, la partie arrière, sont plus larges que le **patin**, la partie centrale. Les skis sont conçus pour tourner facilement, on dit qu'ils sont **paraboliques**. En compétition, il y a autant de paires de skis que de disciplines. Les skis de slalom sont très courts, et ceux de descente plus longs.

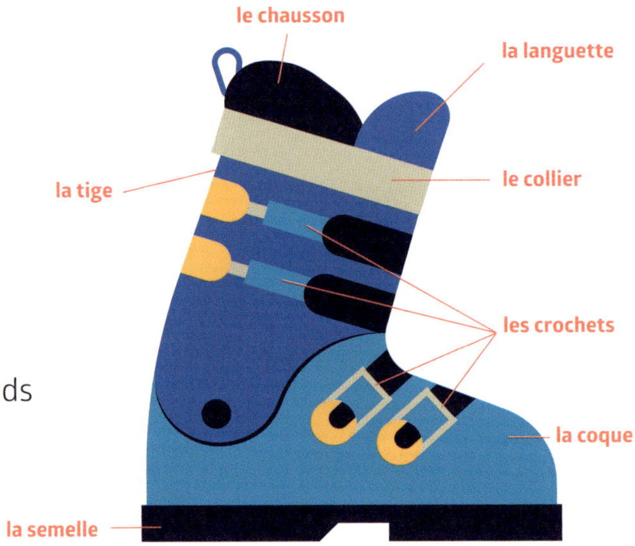

Les chaussures

Il faut que tes chaussures soient confortables, faciles à chausser. Tu dois te sentir bien dedans, car ce sont tes pieds qui **guident tes skis**. Ton pied doit être maintenu, mais tes orteils doivent pouvoir bouger.

« À 12 ans, j'avais deux paires de skis : une pour le géant, une pour le slalom. Aujourd'hui, j'en ai quinze par discipline, et j'en pratique trois ou quatre. Je me déplace parfois avec trente ou quarante paires de skis dans les bagages. Il faut déjà une paire pour la reconnaissance de la piste, une pour l'échauffement, une pour la course, et une de réserve. Et ça pour chaque modèle. À chaque déplacement, c'est un sacré chargement. Et, quand on prend l'avion, ce n'est jamais simple de gérer les bagages. »

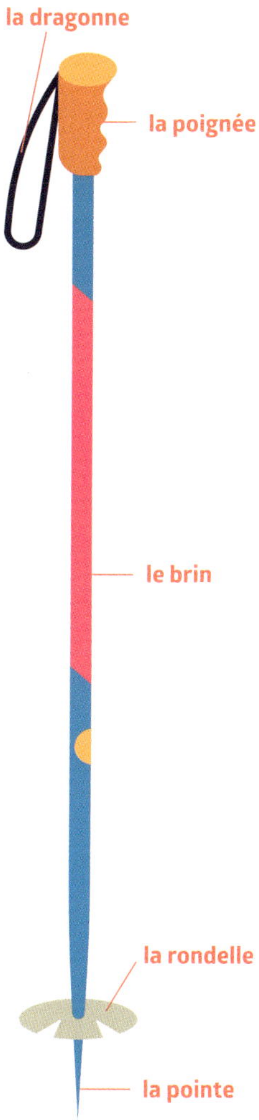

Les bâtons

Ils permettent de t'équilibrer, te servent à construire tes **virages** et à **avancer** sur le plat. Ils sont aussi utiles pour déchausser. La dragonne est la lanière dans laquelle tu passes ta main pour tenir le bâton.

Le casque

Il est obligatoire en école de ski ou en ski-club. Il protège ta tête des chocs et la tient au chaud. Il doit être à la taille de ta tête, sans la serrer ni flotter.

Le masque

Il protège tes yeux des rayons du soleil et t'assure une bonne visibilité dans **toutes les conditions météo**. Il ne doit pas y avoir d'espace entre le haut de ton masque et ton casque, afin de ne pas exposer ton front au froid.

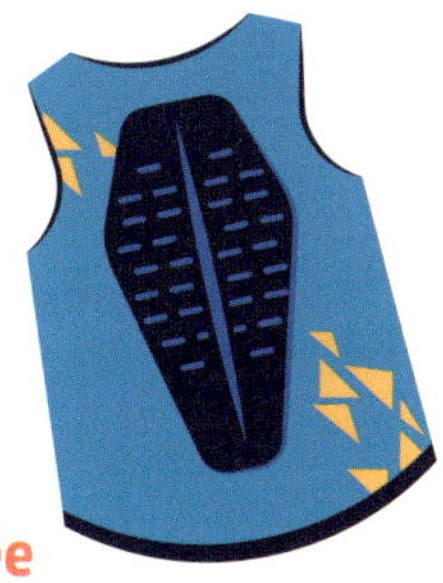

La protection dorsale

Elle est obligatoire en compétition. Elle est **recommandée** dès que tu quittes les espaces débutants, où on prend peu de vitesse.

Les pistes et les remontées mécaniques

La station de ski est ton terrain de jeu. Le moniteur choisira les pistes adaptées à ton niveau de pratique.

Le plan des pistes du domaine skiable est disponible gratuitement dans la station. Il indique la position des pistes, des remontées mécaniques, les **postes de sécurité** et de secours, et les services comme les restaurants ou les toilettes.

Le forfait permet d'accéder au domaine. Son prix n'est pas compris dans les frais d'inscription en club. Le forfait est matérialisé par une **carte magnétique**. Tu dois le présenter pour accéder aux remontées mécaniques qui desservent les pistes.

La piste est un parcours tracé et aménagé pour les sports d'hiver grâce à des **dameuses**. Elle est jalonnée de piquets de couleur et sécurisée par des filets dans les passages dangereux.
Chaque matin, le service des pistes vérifie le balisage et l'état des pistes du domaine. Les **pisteurs** s'assurent que les skieurs seront en sécurité.

Une dameuse en train de préparer une piste de l'Alpe-d'Huez.

Chaque piste est balisée. Au départ de celle-ci, un panneau rond indique son nom et sa longueur. La couleur du panneau annonce le **niveau de difficulté** de la piste (inclinaison, bosses, murs, passages verglacés…). En France, il existe quatre couleurs : vert, bleu, rouge et noir. Lorsque **la piste est fermée**, une corde ou des piquets jaune et noir barrent son entrée.

Pour atteindre le haut des pistes, tu emprunteras une **remontée mécanique** : un téléski, un télésiège ou une télécabine. Sur les deux premières, tu garderas tes skis aux pieds. La troisième s'emprunte à pied, tes skis à la main.

le téléski, ou tire-fesses

le télésiège

la télécabine

piste fermée

Remontée à l'entraînement du slalom géant, Coupe du monde, Sölden, 2021.

« Un petit conseil pour le tire-fesses, ou téléski : surtout, n'essaie pas de t'asseoir. C'est un réflexe quand on débute, quand on craint un peu de tomber. Mais il faut rester debout, se laisser tracter, et regarder loin devant, pas ses spatules. Si tu vois ce qui vient, ça te permet d'être détendu(e) et libéré(e). La bonne nouvelle, c'est que les téléskis tendent à disparaître. »

Les disciplines techniques

Le ski alpin comporte plusieurs spécialités. Le slalom et le géant sont les premières disciplines techniques que tu pratiqueras.

En slalom, on suit un tracé matérialisé par des **piquets articulés** sur une pente très raide. Les virages sont serrés, et les skis courts. Cette discipline demande précision et vivacité.

En **Coupe du monde**, cette épreuve se dispute en deux manches. Les temps des deux manches sont additionnés pour déterminer le classement final.

- 140 à 220 mètres de dénivelé pour les femmes.
- 180 à 220 mètres de dénivelé pour les hommes.
- 40 à 75 piquets par tracé.

Pour passer au plus près, le skieur boxe le piquet avec son bâton, qui comporte une protection au niveau de la poignée.

« J'adore toutes les disciplines. J'aime la descente pour les sauts et la vitesse, le super-G pour son aspect instinctif. Il n'y a pas d'entraînements avant, on ne sait pas où on va, on doit être sûr de soi. J'aime le géant parce qu'il provoque de super sensations, et le slalom pour le contact avec le piquet. Je n'ai pas de préférence, et c'est pour ça que j'ai toujours pratiqué toutes les disciplines. J'ai arrêté le slalom pour me concentrer sur les épreuves de vitesse. Je m'y suis épanoui et j'ai beaucoup appris en descente parce que j'avais un regard neuf. »

L'épreuve de slalom géant compte deux manches sur des tracés différents.

En slalom géant, les virages sont plus espacés qu'en slalom et sont matérialisés par des **portes** : deux piquets reliés par une banderole. Les skieurs enchaînent les courbes. Le géant est la **base du ski alpin**. Cette discipline demande une excellente synchronisation et de la maîtrise pour créer et garder de la vitesse dans les virages.

En Coupe du monde :

- 250 à 400 mètres de dénivelé pour les femmes.
- 250 à 450 mètres de dénivelé pour les hommes.
- 30 à 65 portes par épreuve.

Le slalom et le géant peuvent se disputer lors d'épreuves parallèles sur des tracés très courts. Deux skieurs partent **ensemble**, chacun sur son tracé. Le premier arrivé en bas l'emporte.

Clara Direz et Estelle Alphand dans l'épreuve de slalom parallèle, championnats du monde, Méribel, 2023.

Les disciplines de vitesse

Le super-G et la descente sont des disciplines réservées aux bons skieurs.

Le super-G se déroule sur une pente raide. C'est un compromis entre la descente et le slalom géant. Les portes sont plus espacées, et les courbes moins arrondies. Cette discipline demande **précision**, **vitesse** et **endurance**. Elle nécessite aussi une bonne capacité d'adaptation, car les athlètes découvrent le tracé le jour de la compétition.

En Coupe du monde :

- 400 à 600 mètres de dénivelé pour les femmes.
- 400 à 650 mètres de dénivelé pour les hommes.
- 28 à 45 portes.

Le super-G se court en une manche unique d'1 minute 30 environ.

« Quand on pratique toutes les disciplines, il faut parfois un temps d'adaptation entre les épreuves. Parfois, quand j'arrivais en super-G alors que je sortais du géant, je trouvais que tout allait trop vite. Tout est une question de rythme. C'est pareil pour les musiciens. Quand un guitariste se met au piano, il a un petit moment d'adaptation pour retrouver ses bons mouvements, sa coordination, ses mécanismes. »

Corinne Suter (Suisse), championne olympique et championne du monde de descente, JO de Pékin, 2022.

La descente est considérée comme l'épreuve reine du ski alpin, car c'est la plus **rapide** et la plus **impressionnante**. Les skieurs, en position de recherche de vitesse, alternent schuss, grandes courbes et sauts de plusieurs dizaines de mètres. À haut niveau, les athlètes font des pointes de vitesse à 160 kilomètres/heure.

En Coupe du monde, un entraînement chronométré à pleine vitesse est obligatoire. La course dure entre 1 minute 30 et 2 minutes.

- 450 à 800 mètres de dénivelé pour les femmes.
- 750 à 1100 mètres de dénivelé pour les hommes.

Le nombre de portes varie en fonction de la piste.

Le combiné alpin est une épreuve mixte qui associe une manche de descente à une manche de slalom aux Jeux olympiques d'hiver. Aux championnats du monde, l'épreuve **se dispute par équipes** : un skieur concourt en descente, et un autre en slalom.

Alexis Pinturault et Marco Schwarz (Autriche), médaille d'or et médaille d'argent du combiné, championnats du monde, Courchevel, 2023.

Le ski freestyle

Il rassemble différentes disciplines acrobatiques du ski alpin : halfpipe, skicross, big air, slopestyle, ski de bosses...

Le halfpipe est une discipline acrobatique. Elle se déroule sur un halfpipe, un demi-tube de neige. Sa taille varie en fonction du niveau de compétition : en Coupe du monde, de 4 à 7 mètres de haut et de 120 à 250 mètres de long. À chaque passage, ou **run**, il faut enchaîner des figures, ou **tricks**. Sont jugés l'amplitude (hauteur de réalisation), la difficulté, la diversité, le style, et la qualité d'exécution.

Nico Porteous (Nouvelle-Zélande), champion olympique de halfpipe, JO de Pékin, 2022.

Le skicross, très populaire dans les écoles de ski, mêle vitesse et sauts. On se confronte directement à ses **trois adversaires** sur un parcours appelé **boardercross**, fait de bosses, de courbes relevées et de tremplins.

Au premier plan, Fanny Smith (Suisse), puis, de gauche à droite, Sandra Näslund (Suède), Brittany Phelan (Canada) et Marielle Berger Sabbatel (France), Coupe du monde, Val-Thorens, 2023.

« Dans mon club, les toutes premières années, on faisait du ski de fond, du saut à skis et du ski alpin. Vers 10 ans, il fallait choisir ce qu'on préférait. J'avais mis : 1, alpin ; 2, saut à skis ; 3, ski de fond. Je ne voulais surtout pas faire de ski de fond. Après, au club, on avait des journées variées : on skiait dans la poudreuse, au snowpark… Aujourd'hui, je pratique le ski de fond pour l'entraînement et la récupération. »

En ski de bosses, le skieur ou la skieuse dévale une piste pleine de bosses, ponctuée de deux tremplins sur lesquels il ou elle effectue un **saut acrobatique**. La longueur de la piste, son inclinaison et la taille des **bosses** et du tremplin varient en fonction de l'âge. Chaque passage est noté par des juges. La technique de ski compte pour 60 % de la note, la vitesse pour 20 %, et l'exécution des sauts pour 20 %.

Perrine Laffont, championne du monde et olympique de ski de bosses, championnats du monde, Bakuriani, 2023.

En snowboard, les deux pieds sont fixés en travers de la planche, comme en skateboard ou en surf. On appelle souvent les pratiquants les riders. Le snowboard fait partie des disciplines olympiques. Comme en ski, il y a des championnats et une Coupe du monde, organisés par la Fédération internationale de ski et de snowboard.

Renè De Silvestro (Italie), slalom, Coupe du monde de paraski, Kitzbühel, 2023.

Le handiski

Le ski alpin handisport permet aux personnes avec handicap de pratiquer le ski et de faire de la compétition.

Selon le handicap, le ski peut se pratiquer debout, avec un seul bâton, avec un ou deux stabilisateurs, les **stabilos**, pour remplacer les bâtons, assis dans une coque fixée à un ou deux skis, ou avec un guide pour les déficients visuels. Les **paraskieurs** peuvent atteindre 100 kilomètres/heure.

Les skieurs assis utilisent un fauteuil monté sur un ou deux skis. À l'extrémité de leurs bâtons sont accrochées des spatules. Le siège dispose d'un système de **suspension hydraulique** pour amortir les chocs.

« J'ai un grand respect pour les skieurs paralympiques. Notre sport n'est déjà pas facile pour les valides : il est peu accessible et se pratique parfois en milieu hostile. Alors, quand tu as un handicap, la prise de risque n'est pas forcément simple. Eux osent se lancer dans de grandes descentes. Ce sont de beaux casse-cou et de grands champions. »

Les déficients visuels skient avec un guide devant eux. Celui-ci leur donne des **indications** à la voix ou à travers une oreillette.

Le paraski figure au programme des Jeux paralympiques depuis 1976. Les disciplines sont les mêmes qu'en ski alpin valide : la descente et le supergéant (épreuves de vitesse) ; le slalom et le géant (épreuves techniques) ; le supercombiné (épreuve combinée).

Anna-Jacqueline Stoss guide Elina Stary (Autriche), slalom géant, Coupe du monde de paraski, Kitzbühel, 2023.

Marie Bochet

Elle skie en catégorie debout et brille dans toutes les disciplines. Elle a remporté **8 médailles d'or aux Jeux paralympiques**, 22 médailles d'or aux championnats du monde, et 3 gros globes de cristal en Coupe du monde.

Arthur Bauchet

Ce champion français skie en catégorie debout. Il a remporté **3 médailles d'or aux Jeux paralympiques** de Pékin, en 2022 : en descente, en slalom et en supercombiné.

COLMAR
bollé
FRANCE
COLMAR
HEAD

« Ce qui est génial dans le ski, c'est que tu prends du plaisir quel que soit ton niveau ! »

L'ENTRAÎNEMENT

Une séance type

Au ski-club ou à l'école de ski, tu apprends en te faisant plaisir.

À l'école de ski, en cours collectif, tu es intégré(e) à un groupe de niveau, avec le même moniteur ou la même monitrice toute la semaine. Après l'échauffement et le rappel des règles de sécurité, il ou elle t'explique le **contenu de la séance**. Tu vas alterner exercices éducatifs et descentes de piste. L'objectif est d'acquérir certaines techniques, et de les valider en fin de semaine.

Lors des premières leçons, tu vas d'abord apprendre à être autonome : comment **te mettre en sécurité** en cas de chute, comment te relever, comment rechausser ton ski, comment prendre les remontées mécaniques (tapis, tire-fesses, télésiège...).

Au ski-club, tu as le même entraîneur toute l'année. L'échauffement est **plus poussé**, les entraînements sont **plus structurés**. Tu apprends à skier dans des tracés, avec des **objectifs précis**. Le but est de développer ta motricité, ta capacité d'adaptation et ta technique, afin de savoir skier sur tout type de pente, de terrain et de neige.

« Je pense que l'entraîneur a un rôle très important auprès des enfants. Il faut que ses séances les passionnent, qu'il arrive à transmettre son amour du ski. Le sport m'a beaucoup apporté quand j'étais petit : une certaine discipline, de la rigueur, mais surtout beaucoup de plaisir ! »

Par exemple, pour apprendre à déplacer le poids de ton corps, tu vas skier sur un seul ski.

Tu es encadré(e) par un moniteur diplômé d'État. Il a suivi une formation de plusieurs années pour enseigner le ski alpin. Généralement, il ouvre la voie. Tu skies derrière lui en essayant de suivre sa trace. Il **s'arrête régulièrement** pour attendre ceux qui sont tombés ou qui vont moins vite. Si tu ne parviens pas à suivre, **n'hésite pas à le lui dire**.

Les règles de sécurité

Sur les pistes, il y a des règles à respecter pour que chacun évolue en sécurité.

Ouvre les yeux, et sois attentif ou attentive à ce qui se passe autour de toi.

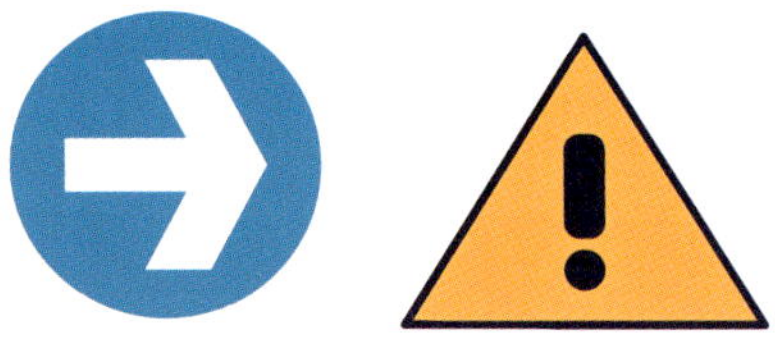

1. **Respecte le balisage** et la signalisation sur les pistes.

2. **Maîtrise ta vitesse.** Adapte-la en fonction de ton état de forme, du type de terrain, de l'état de la neige et des conditions météo.

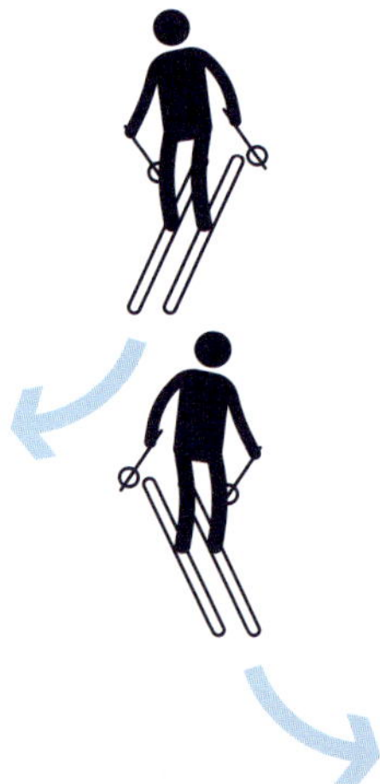

3. **Respecte la priorité.** Tout skieur plus bas que toi sur la piste, en aval, est prioritaire. Choisis ta direction en fonction de ce qu'il fait. Tu dois anticiper ses déplacements, car il ne te voit pas.

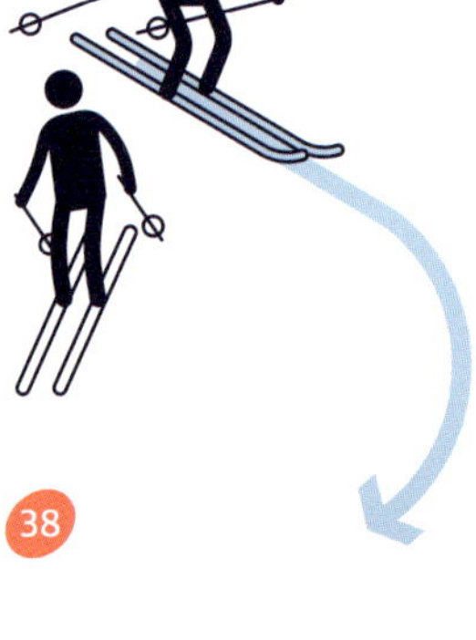

4. **Prévois suffisamment de distance** pour dépasser un autre skieur. Tu ne dois pas le gêner dans son évolution.

« Moi, j'adore la vitesse, c'est ce qui fait la beauté du ski et te fait te sentir libre. Mais il y a des moments pour aller vite. Si la piste est bondée, il faut ralentir, parce que tu ne pourras pas anticiper tous les déplacements des autres skieurs. Tu risquerais de les blesser ou de te blesser en tombant. N'oublie pas que les enfants sont les plus vulnérables. En cas de collision avec un adulte, c'est comme une voiture contre un camion. Pour aller vite, choisis bien ton moment. »

5 Arrête-toi sur le côté, là où tu peux voir les skieurs arriver à 50 mètres. Ça veut dire qu'ils te voient aussi. Ne t'arrête pas dans un passage étroit, sans visibilité, ou derrière un obstacle.

6 Au départ de la piste ou au croisement de deux pistes, vérifie ce qui se passe en amont et en aval avant de t'engager.

7 Renseigne-toi sur la météo et le risque d'avalanche avant de partir. La situation est indiquée par un pictogramme sur les panneaux d'information de la station.

risque faible — risque limité — risque marqué — risque fort — risque très fort

Un sport complet

Les bienfaits du ski alpin se ressentent dans le corps et la tête.

Le ski procure des émotions intenses. Dès les premières glissades, tu peux être grisé(e) par la sensation de vitesse, ou au contraire tétanisé(e) par la peur. Tu apprendras à maîtriser tes émotions. En progressant, tu élargiras ta **palette technique** et tes **capacités physiques**. Tu pourras skier sur toutes les pistes, même les plus bosselées et glacées.

Le ski alpin met en action tous les muscles de ton corps : ceux des jambes et des bras, les abdominaux… Pour trouver l'**équilibre** et le garder, tu sollicites tous tes muscles. Le ski améliore ta coordination, ton agilité, et la perception de ton corps dans l'espace.

Entorses et fractures sont fréquentes au ski. Pour les éviter, vérifie que ton matériel est bien réglé, échauffe-toi suffisamment, hydrate-toi, arrête-toi si tu te sens fatigué(e). Surtout, maîtrise ta vitesse et ne surestime pas tes forces !

L'échauffement est essentiel pour réduire les courbatures et réduire le risque de blessure. Il **réveille ton corps** et le prépare à l'effort. Avant de chausser tes skis, fais des cercles de **bras** pour dégourdir tes épaules, des balancés de **jambe** sur le côté pour mettre en action tes **hanches**, et quelques rotations de **genoux**. Échauffe les muscles de tes **cuisses** en faisant des squats.

Le ski alpin se pratique en altitude. L'oxygène dans l'air y est plus rare qu'au niveau de la mer. Pour s'adapter, ton corps fabrique davantage de **globules rouges**, ton muscle cardiaque (ton cœur) est davantage sollicité, et ta circulation sanguine améliorée.

Luca De Aliprandini (Italie) chute, heureusement sans gravité, lors d'un slalom géant à Adelboden, Coupe du monde, 2022.

« J'ai toujours adoré tester mes limites pour savoir ce que j'étais capable de faire : skier plus vite, sauter plus loin. Je n'ai jamais eu peur, et c'est peut-être un problème. La seule chose qui m'arrêtait, c'était la chute. Mais c'est comme ça que tu apprends. C'est pareil quand tu apprends à marcher ou à faire du vélo. »

La progression

Pour mesurer ta progression technique et découvrir les points à améliorer, tu peux tester ton niveau de ski avec ton moniteur.

Créés par l'École du ski français (ESF), les tests permettent à chacun de progresser étape par étape dans sa pratique des sports de neige. À la fin d'une semaine de cours collectifs, ou en cours d'année, quand tu te sens prête ou prêt, **passe le test** avec ESF pour mesurer tes progrès.

Sur la base de **critères** précis, les monitrices et moniteurs ESF valident ton niveau technique, tes acquis et les points à améliorer dans ta pratique du ski alpin.

▶ **Le club Piou-Piou** (dès 3 ans) : tu découvres le matériel et les premières sensations de glisse.

▶ **L'ourson** (dès 4 ans) : tu sais chausser et déchausser, utiliser les remontées mécaniques, faire des virages et t'arrêter en chasse-neige sur un terrain peu pentu.

▶ **Le flocon** : tu sais contrôler ta vitesse, enchaîner plusieurs virages en ramenant les skis parallèles en traversée, freiner et t'arrêter, passer une petite bosse.

▶ **La première étoile** : tu peux glisser sur des pentes moyennes et enchaîner les virages en faisant attention aux skieurs autour de toi, freiner en dérapant.

▶ **La deuxième étoile** : tu peux enchaîner de plus en plus de virages avec les skis parallèles sur pente facile, déraper, franchir une bosse ou un creux en gardant ton équilibre.

▶ **La troisième étoile** : tu maîtrises différents virages plus ou moins serrés. Tu évolues entre des piquets skis parallèles. Tu maîtrises le dérapage et le schuss en faisant attention à ce qui t'entoure.

« Je partais de l'hôtel où j'habitais, et je montais la piste à pied pour être au club à 9 heures. Les remontées mécaniques ouvraient à 9 h 30, et, si je les attendais, j'étais en retard. Le matin, on avait un briefing avec l'entraîneur et on partait skier deux heures. On suivait le coach à la queue leu leu, on faisait parfois des exercices. Le but était vraiment de découvrir, de se faire plaisir. C'était ludique et pas trop académique. »

Vers la compétition

Une fois que tu as ta troisième étoile, tu peux progresser encore et aborder la performance et la compétition.

▶ **L'étoile de bronze** : tu es à l'aise sur tout type de neige, tu maîtrises les virages en godille, le schuss, tu décolles sur des bosses légères, en faisant attention à ce qui t'entoure.

▶ **L'étoile d'argent** : tes trajectoires sont plus précises, tu perfectionnes ta godille, tu participes à tes premiers parcours chronométrés et compétitions.

« J'ai tellement voulu la flèche d'or ! Quand on est petit, ce n'est pas facile, parce que ce sont des moniteurs adultes qui font le temps de référence dans le tracé. Ils sont plus lourds et vont plus vite. J'ai buté un nombre incalculable de fois sur l'or et devais me contenter de la flèche de vermeil (celle qui la précède). À la fin, je n'allais même plus la chercher. Et, le jour où j'ai eu l'or, ce n'était plus la priorité. J'avais commencé les compétitions, c'était devenu plus important à mes yeux. »

▶ L'étoile d'or : tu es à l'aise sur tout type de neige, sur des pistes assez pentues au relief varié. Tu enchaînes virages et godilles, tu te débrouilles sur un terrain aménagé (halfpipe ou skicross), et tu fais tes premiers géants chronométrés.

Dans les trois tests suivants, le temps de base est réalisé par un moniteur ouvreur. Le résultat compte pour le classement Ski Open.

▶ La flèche : tu réalises un **slalom géant de 40 secondes** environ. Le tracé comporte 25 à 35 portes, et un dénivelé de 200 à 250 mètres.

▶ Le chamois : tu te lances dans un **slalom spécial de 30 secondes** environ. Le tracé compte 30 à 40 portes, et le dénivelé est de 120 à 200 mètres. Selon le pourcentage ajouté au temps de base initial, tu obtiens : le chamois d'or jusqu'à 17 % de temps en plus, de vermeil jusqu'à 35 %, d'argent jusqu'à 55 %, et de bronze jusqu'à 75 %.

▶ La fusée : tu réalises un **super-G de 50 secondes** environ, avec un nombre de portes en rapport avec le dénivelé. Jusqu'à plus 15 % du temps de base, tu obtiens l'or, plus 28 % le vermeil, plus 40 % l'argent, et plus 50 % le bronze.

LONGINES
LONGINES
helvetia
helvetia
quattro

“ *Pour améliorer sa technique, il faut pratiquer, skier par tous les temps, sur tous les types de neige. Et prendre du plaisir en skiant ! »*

LA TECHNIQUE

La position de base

Tu es orienté(e) vers l'avant, et le poids de ton corps est réparti sur les deux skis.

Lorsque tu skies, tu glisses vers l'avant, tu es en perte d'équilibre en permanence. Pour compenser cette perte d'équilibre, tu dois être mobile et souple. La position de base permet d'économiser ton énergie et de réagir au mieux au terrain.

***L'amont** : la partie de la piste qui est au-dessus du skieur.*

***L'aval** : la partie de la piste qui est au-dessous du skieur.*

« On parle de déverrouillage. Toutes tes articulations doivent être souples. Tu dois être détendu(e). Tu n'es pas droit ou droite comme un I. Le conseil numéro un, c'est le tibia collé à la languette de ta chaussure et le bassin au-dessus des pieds. Tu auras peut-être la sensation d'être à l'avant de tes skis, mais au mieux tu es neutre. Si tu es sur l'arrière de tes skis, les fesses au-dessus des talons, tu vas perdre de l'énergie et te fatiguer très vite. »

Alexis Pinturault à l'entraînement avec Stéphane Quittet, Coupe du monde, Bormio, 2023.

Pour te sentir bien et confortable :

- **Écarte les pieds** à la largeur de tes hanches.
- **Fléchis légèrement les genoux** et les chevilles, tibia appuyé sur le devant de la chaussure de ski.
- **Place ton bassin** au-dessus de tes pieds. Le poids de ton corps repose dans l'axe, pas sur les talons.
- **Tiens-toi le buste droit** et incline-le vers l'avant.
- **Garde la tête droite**, regarde loin devant toi.
- **Place les mains vers l'avant**, comme si tu tenais un guidon de vélo.

Le chasse-neige

Le chasse-neige est la première technique que tu vas apprendre en ski.

Le chasse-neige permet de tourner et de s'arrêter. Tu as déjà expérimenté la **sensation de glisse** sur une petite pente douce. Mais, avant de descendre une piste, il faut que tu apprennes à **contrôler ta vitesse** et à t'arrêter. Le chasse-neige est indispensable pour évoluer en sécurité.

L'objectif est de former un triangle avec les pointes de tes skis.

1. **Fléchis les jambes**, ton tibia collé à la languette de ta chaussure, le poids de ton corps vers l'avant.
2. **Écarte progressivement les talons** en regardant bien loin devant toi.
3. **Appuie sur tes pieds** pour chasser la neige vers l'extérieur. Les pointes de tes skis ne doivent pas se croiser devant.

L'avant de tes skis dessine une pointe, tu es en chasse-neige. Plus tu écartes tes talons, plus tu freines. Si tu veux reprendre de la vitesse, rapproche tes talons.

Le virage chasse-neige

Pour faire un virage en chasse-neige, tu appuies **plus fort sur un ski** pour tourner du côté opposé. Par exemple, tu appuies sur ton pied droit pour tourner à gauche. On dit que ton ski droit est ton *ski extérieur*.

1. Regarde devant toi, **vers là où tu veux aller**. Appuie sur ton pied droit, et pousse la neige en mettant le poids de ton corps sur ce ski. Tu tournes vers la gauche. Tes hanches et tes épaules tournent dans la direction où tu veux aller.

2. Pour effectuer un virage à droite, appuie maintenant sur ton pied gauche en passant le **poids de ton corps** sur ce ski.

Ça y est, tu fais des S !

« Je pratique encore le chasse-neige aujourd'hui dans des exercices bien précis, des éducatifs. Il faut pousser tes pieds vers l'extérieur et ne pas vouloir t'asseoir. Si tu cherches à t'asseoir, tu tombes. Pense à regarder loin devant toi, et pas les spatules. Ça t'aidera à ne pas croiser tes skis. La vision apporte beaucoup dans tous les sports de trajectoire. Si tu regardes trop près, tu es plus crispé(e). »

Le virage parallèle

Il permet de descendre les pistes de façon fluide, sans perdre trop de vitesse.

Pour tourner avec les skis parallèles, tu vas **transférer** le poids de ton corps d'une jambe à l'autre sans écarter tes skis en chasse-neige.

Pour réussir un virage parallèle, il faut accepter de prendre un peu de vitesse et oser mettre les deux skis en même temps face à la pente. Cette technique s'acquiert avec de la **pratique** et de la **confiance**. Entraîne-toi sur une pente douce.

La **ligne de pente** : c'est le chemin que suivrait un objet qui dévalerait la pente. Tu es dans l'axe de la piste.

La **traversée** : c'est la ligne droite que tu fais en traversant la piste d'un bord vers l'autre. Tu te déplaces en travers de la ligne de pente.

Le virage à gauche

1 En position de base, tu traverses la pente vers ta droite. Le poids de ton corps repose principalement sur ta jambe gauche, située en aval (vers le bas de la piste).

2 Redresse-toi en avançant légèrement le bassin. Cherche à faire pivoter l'avant de tes deux skis dans la pente. Tu prends un peu de vitesse.

« Le début de la courbe du virage conditionne tout le virage. Une fois que tu as compris le transfert de poids sur les skis, c'est fluide. Il suffit de mettre environ 80 % de ton poids sur le pied extérieur, et tu vas tourner tout seul ou toute seule. Tu n'auras plus qu'à attendre que le geste se termine. Bon, c'est très facile à dire… À force de skier derrière ton moniteur, tu y arriveras peut-être naturellement. »

3 Quand **tes deux skis sont face à la pente**, appuie fort sur ton pied droit. Fléchis bien ta cheville et ton genou. Plus il y aura de pression sur ton ski droit, plus ton virage sera efficace.

4 Une fois que tes skis ont **pivoté vers la gauche**, ta vitesse diminue. Tu es de nouveau en traversée. Regarde loin devant et ajuste ta position de base avant de préparer le virage suivant.

Le virage à droite

En position de base, tu traverses la piste vers la gauche, le poids de ton corps sur le **ski aval** (droit). Redresse-toi légèrement, **fais pivoter les pointes de tes skis** face à la pente. Puis fais passer le poids de ton corps sur ton ski gauche, en **fléchissant bien** la cheville et le genou pour appuyer sur ton ski.

Le freinage-dérapage à l'arrivée du slalom de Wengen, Coupe du monde, 2022.

S'arrêter

Avant de prendre de la vitesse, tu apprends à t'arrêter en chasse-neige ou en dérapage.

Tu peux t'arrêter en chasse-neige. Cette position permet un freinage progressif à faible vitesse. Voici comment faire.

1 Adopte la position de base, jambes fléchies, tibia contre la languette de la chaussure, poids du corps vers l'avant.

2 Écarte largement les talons en appuyant sur la **carre** intérieure de tes skis. L'avant de tes skis forme un chapeau pointu. Tu freines.

La carre du ski, c'est le côté tranchant de la semelle, l'arête métallique. Elle permet d'accrocher la neige.

Le dérapage-frein permet de t'arrêter plus rapidement. Il demande un peu de souplesse sur les genoux et de tonicité. Pour le maîtriser, fais rapidement pivoter tes skis **en travers de la pente** en les **inclinant** côté montagne pour que tes carres accrochent la neige.

Si tu veux déraper vers la gauche :

1 **En position de base**, redresse-toi en avançant légèrement le bassin. Cherche à faire pivoter l'avant de tes skis dans la pente.

2 Quand **tes skis sont face à la pente**, fléchis tes jambes pour que le poids de ton corps soit sur la jambe droite. Incline tes genoux et tes skis pour que les carres côté montagne accrochent la neige. Plus ce mouvement sera **tonique et rapide**, plus ton dérapage sera efficace.

« Pour t'entraîner au dérapage, tu peux commencer par exécuter un chasse-neige et rabattre le pied en amont parallèlement au pied en aval. Tu pousses ton virage parallèle à l'extrême pour t'arrêter. Plus tu as de vitesse, plus il faut maîtriser le geste, et c'est difficile. Le freinage le plus difficile de la Coupe du monde est à Wengen, en Suisse. L'aire d'arrivée est très courte, on a beaucoup de vitesse, il faut freiner fort, et on est très fatigué. Si on ne freine pas suffisamment, on finit dans le boudin de protection. »

Si tu veux déraper vers la droite, amorce un virage en appuyant sur ton ski gauche et **oriente tes genoux vers le haut** de la pente pour faire mordre les carres.

La recherche de vitesse

Pour aller vite, la position dite de l'œuf est la plus adaptée.

Quand tu seras à l'aise sur tes skis, tu auras envie d'accélérer et de filer tout droit. On dit **aller tout schuss**. Cette expression vient de l'allemand *schuss*, qui signifie « coup de feu ».

Pour ça, tu vas te regrouper pour adopter une position de recherche de vitesse, **aérodynamique**. Tu dois opposer le moins de résistance possible à l'air et à la neige.

La position de l'œuf a été inventée par **Jean Vuarnet**, un skieur français des années 1960. Il a remporté la médaille d'or de descente aux Jeux olympiques de Squaw Valley, aux États-Unis, en 1960, grâce à cette **position révolutionnaire**.

La position de l'œuf

- Engage-toi dans la pente.
- Écarte les skis à la largeur du bassin.
- Tes tibias sont collés à la languette, à l'avant de ta chaussure.
- Fléchis tes genoux.
- Abaisse ton buste sur tes genoux jusqu'à ce qu'il soit parallèle au sol.
- Place tes coudes devant tes genoux.
- Les mains, vers l'avant, tiennent les bâtons sous le menton.

Vas-y tout schuss !

« L'idée, c'est de mettre les coudes devant les rotules. Les humérus (les os des bras) se retrouvent devant les genoux. Les mains sont placées devant toi, et les bâtons viennent se bloquer sous les bras. Si tu penses coude/rotule, tu es directement dans la bonne position. Mon record de vitesse mesuré, c'est 160 kilomètres/heure, le jour ou Johan Clarey a établi son record de vitesse (161,9 kilomètres/heure). »

COURCHEV L
ÉRIBEL 2
WORLD SK
Red Bull
Audi
CAISSE D'EPARGNE
LONGINES
WORLD CHAMPION
ALPINE COMBINED
2023
SKI COURCHEVEL
SKI COURCH MÉRIBE
GREEN WEEZ
La Région
SAVOIE MONT BLANC
COLMAR

“ En compétition, on apprend sur soi-même. Le sport ne ment pas. Beaucoup de gens peuvent se voir très beaux, mais en sport on a très souvent la place qu’on mérite. C’est le résultat de son travail. »

LA COMPÉTITION

Les règles

Le ski alpin est un sport chronométré où chacun s'élance à son tour. Le plus rapide gagne la course.

Le skieur actionne le chronomètre en passant dans le portillon de départ. Dans les compétitions de jeunes, il est matérialisé par une **petite barrière qu'on pousse**. À haut niveau, le portillon est installé dans une cabane.

Le départ est déclenché au moment où les tibias du skieur ou de la skieuse déplacent la baguette de 10 degrés.

« Quand je suis derrière le portillon de départ, j'essaie de faire le vide dans ma tête, d'être concentré sur l'instant. Ce n'est pas le moment de penser aux passages techniques ou aux endroits stratégiques de la course. Ça, ça se fait avant d'être dans la cabane. Quand j'y entre, l'entraîneur peut me donner quelques intentions techniques, deux ou trois mots. Après, c'est mon moment de concentration. »

Dans la cabane avant la descente d'entraînement, Coupe du monde, Wengen, 2017.

À chaque compétition, les skieurs enfilent un dossard avec un numéro. Ils s'élancent dans l'ordre croissant des numéros. L'**ordre des dossards** est défini en fonction des **points obtenus** au classement de la Coupe du monde. Les meilleurs partent généralement dans les premières positions.

Dans le slalom du supercombiné, JO de Pyeongchang, 2018.

Le parcours est matérialisé par des portes rouges ou bleues. Le skieur doit les franchir dans l'ordre réglementaire, **en alternant une porte de chaque couleur**, sinon il est disqualifié. Quand un skieur passe du mauvais côté de la porte ou du piquet, on dit qu'il **enfourche**, et il est aussi disqualifié.

Les temps sont mesurés au centième près, depuis les compétitions pour jeunes jusqu'aux Jeux olympiques. En cas d'égalité, ce qui est fréquent, les skieurs sont **ex æquo**. En 2014, deux skieuses ont remporté la descente des Jeux olympiques de Sotchi !

Dominique Gisin (Suisse) et Tina Maze (Slovénie) lors de leur victoire aux JO de Sotchi, 2014.

Vers le haut niveau

On commence par participer à des compétitions locales, puis régionales, pour progresser vers le haut niveau.

Pour les enfants à partir de 6 ans, il existe des challenges ludiques, les premières compétitions interclubs.
Les **compétitions** peuvent être **mixtes ou pas**. Si elles sont mixtes, les classements des filles et des garçons sont distincts.

Les Coqs d'or sont la première compétition nationale des moins de 14 ans. Organisés pour les poussins (moins de 12 ans) et les benjamins (moins de 14 ans), les Coqs d'or réunissent chaque année 1 500 skieurs et skieuses. Leur but est d'encourager l'**esprit de compétition** et de **détecter les jeunes talents**. Des champions du monde comme Jean-Baptiste Grange, Tessa Worley ou Romane Miradoli y ont participé.

Le champion italien Alberto Tomba avec les enfants à l'open de ski alpin des Coqs d'or, 2003.

La médaille d'or pour Alexis Pinturault, 2001.

« En ski, la compétition n'est pas obligatoire. Si tu choisis d'en faire, tu n'es pas obligé(e) de commencer très jeune. Le plus important est de te former. Participer à des compétitions sort souvent du cadre de l'entraînement. Ça demande un grand investissement des parents. Moi, j'aimais beaucoup voir où j'en étais. Il faut que l'entourage soit juste, pas trop dur, mais pas trop indulgent non plus. »

Pour devenir un skieur ou une skieuse de haut niveau, mieux vaut suivre une filière **sport-études**. Dans les Alpes et les Pyrénées, de nombreux établissements scolaires proposent un **emploi du temps aménagé** pour les élèves en section sportive.

Pendant leur formation, les meilleurs skieurs évoluent sur le circuit de la Fédération internationale de ski (FIS) ou en Coupe d'Europe. Plus le niveau de compétition augmente, et plus les pistes sont pentues et glacées. À peine 200 athlètes dans le monde parviennent à **vivre du ski alpin** : celles et ceux qui disputent le circuit de la Coupe du monde.

Les compétitions internationales

Découvre les principales compétitions internationales de ski alpin.

La Coupe du monde de ski alpin a lieu tous les ans. Les **championnats du monde** ont lieu tous les deux ans. Les **Jeux olympiques d'hiver** ont lieu tous les quatre ans. Les compétitions féminines et masculines se déroulent indépendamment. Peu de stations peuvent accueillir les deux à la fois.

Le circuit de la Coupe du monde de ski alpin est le plus prestigieux. Il compte une quarantaine d'épreuves, réparties **de la fin octobre à la fin mars**. Celles-ci se déroulent principalement en Europe, en Amérique du Nord et, exceptionnellement, en Asie. Chaque épreuve réunit le **top 100 mondial**. Skieuses et skieurs sont classés en fonction de leurs performances sur l'ensemble de la saison.

Le calendrier varie chaque année. Certaines étapes sont des **classiques**, comme Wengen (Suisse) et Kitzbühel (Autriche) pour les hommes, ou Flachau (Autriche) et Cortina d'Ampezzo (Italie) pour les femmes.

Mikaela Shiffrin (États-Unis), vainqueure de l'épreuve de slalom à Flachau, Coupe du monde, 2024.

La cérémonie de clôture des championnats du monde, Courchevel, 2023.

Les championnats du monde de ski ont lieu tous les deux ans, dans une station différente. Au programme : descente, slalom, combiné, slalom géant, super-G, et épreuves parallèles (individuelle et par équipes). Ces résultats ne sont **pas pris en compte dans le classement général de la Coupe du monde**.

En France, tu peux assister à des épreuves de Coupe du monde à Val-d'Isère (hommes et femmes, mais pas les mêmes semaines), à Courchevel ou à Chamonix. Le ou la vainqueur(e) du classement de chaque spécialité de la Coupe du monde remporte un **globe de cristal**, et celui ou celle du général gagne le gros globe de cristal.

« Gagner le gros globe de cristal (en 2021) a été quelque chose d'extrêmement fort, en plus le jour de mes 30 ans ! Mon rêve s'est concrétisé. C'était un des plus gros objectifs de ma carrière, si ce n'est le plus gros. Je me suis entraîné pour ça depuis toujours. C'était une immense satisfaction et une immense joie. Il y a une forme de paix qui vient après ça. C'est difficile à décrire. C'est le graal du skieur. J'ai vu combien c'était difficile d'y arriver. Peu d'athlètes en ont plusieurs. »

Le défilé des drapeaux des pays participants, cérémonie de clôture des JO, Pékin, 2022.

Les Jeux olympiques

Le ski alpin est l'un des sports majeurs des Jeux olympiques d'hiver, avec six épreuves au programme.

Les Jeux olympiques d'hiver se déroulent tous les quatre ans, en alternance avec les Jeux d'été. Lors de la première édition, **à Chamonix en 1924**, le ski alpin ne figurait pas au programme. Aux Jeux de 1936, en Allemagne, seule une épreuve de combiné était disputée.

Aujourd'hui, le programme compte cinq épreuves individuelles – descente, super-G, slalom géant, slalom, combiné – **et une épreuve par équipes**. Celle-ci est la plus récente. Elle a été ajoutée en 2018 aux Jeux de Pyeongchang (Corée du Sud).

Pour les skieurs alpins, habitués à évoluer dans la discrétion de la Coupe du monde, les Jeux olympiques sont une formidable vitrine, car la compétition est suivie par des **centaines de millions de téléspectateurs** partout dans le monde. Les prochains Jeux olympiques auront lieu en 2026 en Italie.

Le pays ayant obtenu le plus de médailles en ski alpin aux Jeux olympiques depuis leur création est l'**Autriche**.

				Total
Autriche	40	44	44	128
Suisse	27	23	25	75
États-Unis	17	21	10	48
France	16	17	18	51
Italie	14	11	11	36
Allemagne	12	8	7	27

De gauche à droite, Alexis Pinturault, médaille d'argent, Marcel Hirscher, médaille d'or, Victor Muffat-Jeandet, médaille de bronze du combiné, JO de Pyeongchang, 2018.

« Les Jeux, c'est un peu le Disneyland des sportifs. On prend toujours beaucoup de plaisir à y aller. Il y a plein de choses autour de la compétition : on participe aux cérémonies d'ouverture et de clôture, on peut aller voir différents sports. Ce sont des souvenirs marquants ! C'est une très belle fête sur deux semaines. On n'a pas été gâtés ces dernières années : à Sotchi, en 2014, on était un peu perdus dans la montagne. À Pékin, en 2022, c'était en plein covid. En 2018, à Pyeongchang, tout était bien fait. Avoir des médailles, c'est déjà extra. Gagner l'or, je n'ose pas imaginer… »

Les courses mythiques

Certaines pistes sur lesquelles se déroulent les épreuves de Coupe du monde sont précédées par leur réputation. Ces classiques rassemblent des dizaines de milliers de spectateurs.

La descente de Wengen

C'est dans ce village suisse, qu'on ne peut rejoindre que par un train à crémaillère, que se déroule **la plus longue descente de l'hiver du circuit masculin**. La descente de Lauberhorn mesure 4 415 mètres. C'est la piste sur laquelle les vitesses les plus hautes sont enregistrées. Les supporteurs arrivent dès le matin. Ils s'installent au bord du tracé, à 2 000 mètres d'altitude. Là-haut, des fanfares jouent à tue-tête et des fondues géantes sont organisées.

La descente de Kitzbühel

Elle se déroule sur la mythique Streif, la piste réputée **la plus difficile du circuit de la Coupe du monde masculine**. Elle alterne passages avec pente à 85 %, difficultés techniques et sauts de 60 mètres, avec un dénivelé de 860 mètres. Chaque année, plus de 60 000 spectateurs sont présents autour de l'aire d'arrivée. Gagner à Kitzbühel est le rêve de tout descendeur.

Cyprien Sarrazin (France), double vainqueur de la descente, Kitzbühel, Coupe du monde, 2024.

Crédits photographiques

Adobe Stock – Page 12 : MurielleB. Page 13 : snowserge. Page 24 : Daniel. Page 37 : Catherine Clavery.

Photo12 – Page 10 : Sam Kovak.

Creative Commons – Page 11, haut et bas.

Bridgeman Images – Page 8, bas : SZ Photo/Scherl.

Presse Sports – 1re de couverture : Alain Grosclaude/Zoom. 4e de couverture, page 3 : Stanko Gruden/Zoom. Page 6 : Johann Groder/Expa. Page 9 *sqq.*, médaillons : Johann Groder/Expa. Page 9, bas : Picture Alliance. Page 14, haut et bas : Presse Sports. Page 15, haut : Erich Spiess/Expa. Page 15, milieu : Erich Schlegel/USA Today Sports. Page 15, bas : Fel. Page 23 : Sébastien Boué. Page 25 : Sébastien Boué. Page 26 : Bruno Bade. Page 27, haut : Christophe Pallot/Zoom. Page 27, bas : Sébastien Boué. Page 29, haut : Alexis Boichard/Zoom. Page 29, bas : Giovanni Auletta/Zoom. Page 30, haut : Franck Seguin. Page 30, bas : Millo Moravski/Zoom. Page 31, bas : Alexis Boichard/Zoom. Page 32 : Stefan Adelsberger/Expa. Page 33, haut : Stefan Adelsberger/Expa. Page 33, bas gauche et bas droite : Grégory Picout. Page 34 : Sébastien Boué. Page 39 : Johann Groder/Expa. Page 41 : Sébastien Boué. Page 46 : Jérôme Prévost. Page 48 : Christophe Pallot/Zoom. Page 51 : Johann Groder/Expa. Page 53 : Sébastien Boué. Page 54 : Sébastien Boué. Page 56 : Presse Sports. Page 57 : Johann Groder/Expa. Page 58 : Sébastien Boué. Page 60, haut : Christophe Pallot/Zoom. Page 60, bas : Jérôme Prévost. Page 61, milieu : Jérôme Prévost. Page 61, bas : Richard Martin. Page 62 : Mao. Page 64 : Christophe Pallot. Page 65, haut : Bruno Bade. Page 65, bas : Sébastien Boué. Page 66 : Rob Schumacher/USA Today Sports. Page 67 : Christophe Pallot. Page 68, haut : Alexis Boichard. Page 68, bas : Johann Groder/Expa. Page 69, haut : Christian Pfander/Freshfocus. Page 69, bas : Christophe Pallot.

Les éditions Milan tiennent à remercier la famille d'Alexis Pinturault pour le prêt de photos à titre gracieux :
Pages 16, 19, 31, 44, 63.

L'arrivée du géant à Adelboden, Coupe du monde, 2015.

> « J'adore aller à Adelboden, en Suisse. On y dispute un géant chaque année. J'aime tout là-bas. D'abord, l'effervescence populaire : l'ambiance est bon enfant, il y a du bruit. Ensuite, la piste. C'est l'une des plus belles et plus complètes sur le circuit. Et la fin est spectaculaire, pour le spectateur comme pour nous. On plonge dans le mur final, et là on voit et on entend le public. C'est incroyable, c'est à couper le souffle. »

Le slalom de Flachau

La course de la Coupe du monde féminine se déroule en nocturne, en plein cœur de la station. C'est l'épreuve qui **attire le plus de public**. Les 20 000 spectateurs se massent de haut en bas de la piste. Celle-ci est souvent bien glacée et offre un spectacle somptueux.

L'ambiance pendant la course, Coupe du monde, 2023.